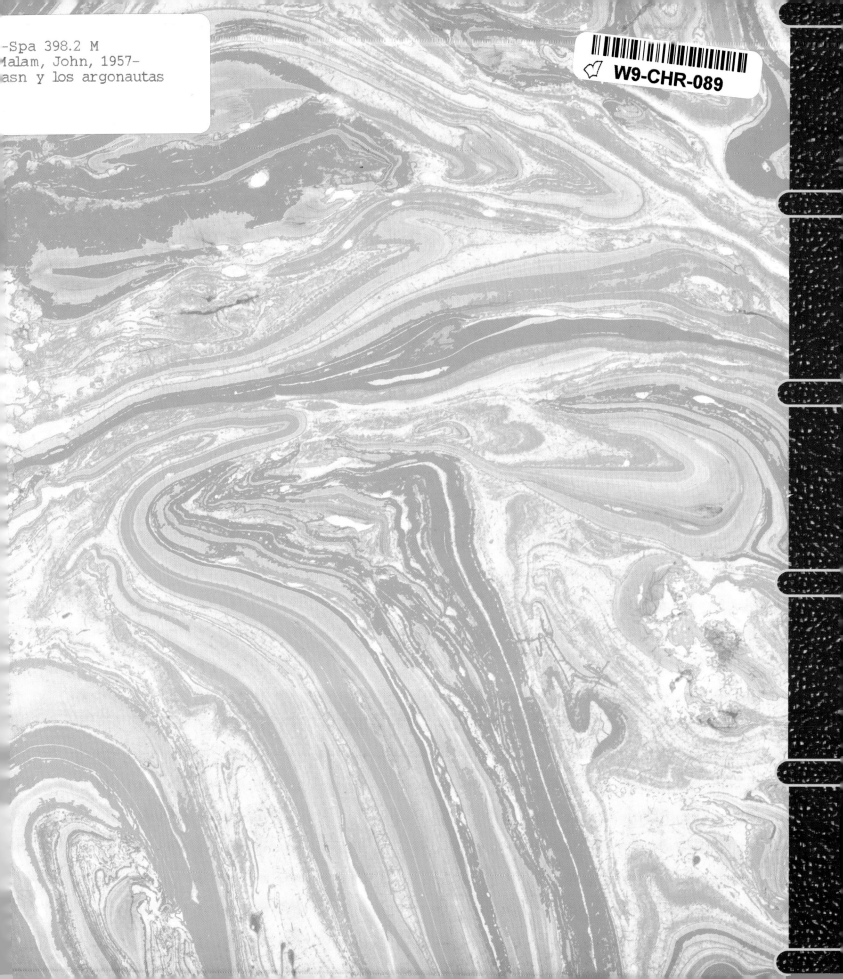

# Jasón y los argonautas

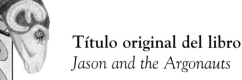

**Título original del libro**
*Jason and the Argonauts*

**Nombre original de la colección**
*Ancient Greek Myths*

*Autor*
**John Malam** estudió historia antigua y arqueología en la Universidad de Birmingham, después de trabajar como arqueólogo en el Museo Ironbridge Gorge, en Shropshire. Ahora es escritor, editor y corrector, especializado en libros para niños. Su sitio web es www.johnmalam.co.uk

*Artista*
**David Antram** nació en Brighton, Inglaterra, en 1958. Estudió en el College of Art Eastbourne y luego trabajó en publicidad durante quince años antes de convertirse en un artista de tiempo completo. Ha ilustrado innumerables libros de no ficción para niños.

*Creador de la colección*
**David Salariya** nació en Dundee, Escocia. Ha ilustrado una amplia gama de libros y ha creado y diseñado muchas series nuevas para editores tanto en el Reino Unido como en otros países. En 1989, fundó The Salariya Book Company. Vive en Brighton con su esposa, la ilustradora Shirley Willis, y su hijo Jonathan.

*Editor en inglés*
**Michael Ford**

Malam, John
    Jasón y los argonautas / escrito por John Malam ; ilustrado por David Antram. -- Bogotá : Panamericana Editorial, 2005.
    32 p. : il. ; 26 cm. -- (Mitos griegos)
    ISBN-13: 978-958-30-1850-3
    ISBN-10: 958-30-1850-3
    1. Cuentos infantiles 2. Mitología griega - Literatura infantil
3. Jasón (Mitología griega) - Literatura infantil I. Antram, David, 1958- , il. II. Tít. III. Serie.
I808.831 cd 19 ed.
AJF3495

    CEP-Banco de la República-Biblioteca Luis Ángel Arango

**Editor**
Panamericana Editorial Ltda.

**Edición en español**
Mónica Montes Ferrando

**Traducción**
Lina María Pérez Gaviria

Primera edición, The Salariya Book Company Ltd., 2004
Primera edición en Panamericana Editorial Ltda., julio de 2006

© 2004 The Salariya Book Company Ltd.
© 2005 de la traducción al español: Panamericana Editorial Ltda.
Calle 12 No. 34 - 20, Tels.: 3603077 - 2770100
Fax.: (571) 2373805
Correo electrónico: panaedit@panamericanaeditorial.com
www.panamericanaeditorial.com
Bogotá D.C., Colombia

ISBN-13: 978-958-30-1850-3
ISBN-10: 958-30-1850-3

Impreso por Panamericana Formas e Impresos S.A.
Calle 65 No. 95 - 28, Tel.: 4302110
Fax: (571) 2763008
Quien sólo actúa como impresor.

Impreso en Colombia / Printed in Colombia

# Mitos griegos
# Jasón y los argonautas

Escrito por
## John Malam

Ilustrado por
## David Antram

Creado y diseñado por
## David Salariya

PANAMERICANA
EDITORIAL

# El mundo de los mitos griegos

La antigua civilización griega fue una de las más grandes en la historia. Alcanzó la cumbre de su éxito en el 400 a.C., cerca de 2.500 años atrás.

Debemos mucho a los antiguos griegos. Fueron grandes científicos, matemáticos, escritores y pensadores, y también fueron brillantes narradores de historias. Varios de sus relatos tenían forma de poemas, y a menudo estaban compuestos por miles de versos. En ellos los griegos trataron todo tipo de experiencias humanas, como el amor, la amistad, la guerra, la venganza y la historia. Los más famosos que han llegado hasta nosotros son los poemas épicos: historias de coraje y guerra, donde dioses, héroes y monstruos se enfrentan a grandes dificultades.

Al principio, todas sus historias, extensas como lo eran, fueron transmitidas de generación en generación por tradición oral. Las personas que las contaban eran a menudo narradores viajeros, que las representaban en los pueblos a todo lo largo del mundo griego. Eran llamados "rapsodas", que significa "tejedores de cantos". A medida que el rapsoda recitaba o cantaba su historia en voz alta y clara, también iba tejiendo sus múltiples giros para que el relato tuviera un inicio, un nudo y un desenlace. Con el tiempo, estas historias fueron escritas. La siguiente es una versión de Jasón y los argonautas. Es una historia acerca de un grupo de héroes cuyos viajes los llevan a una tierra lejana de Grecia, en busca de un fabuloso tesoro: el mágico vellocino de oro.

Un mapa que muestra la Grecia antigua, con sus islas y sus tierras vecinas.

GRECIA
Tesalia
Delfos
Corinto
Atenas
Mar Egeo
Helesponto
ASIA MENOR
Creta
Mar Mediterráneo

Si necesitas ayuda con alguno de los nombres o palabras que no conoces, puedes consultar las páginas 30 y 31.

4

# Conoce al rapsoda

Saludos, ciudadanos. Reúnanse alrededor. Yo soy el rapsoda, un contador de historias. Mi relato es sobre un niño nacido para ser rey, a quien su derecho de primogénito le fue arrebatado cruelmente. Su nombre era Jasón y su futuro se jugaría a lo largo de mares peligrosos y en las lejanas tierras de Cólquide. Allí es donde encontraría el fabuloso vellocino de oro, la deslumbrante piel de un carnero que volaba y hablaba. Su misión era apoderarse del vellocino y regresar con él. Si tenía éxito, se convertiría en rey. Sin embargo, una vez se perdió de vista su nave, nadie pensó que volvería a verlo vivo de nuevo. ¡Escuchen con atención!

Vengo este día desde
la lejanía a contar un relato
hechizado y muy bien hilado.
Por él sabrán —ya pronto lo escucharán—
de hechos sobresalientes y de héroes
valientes.
Reúnanse todos y escuchen esta historia,
que yo he tejido sobre una vieja gloria.
Así, de principio a fin sus partes hilando
a sus amigos después se la
podrán ir contando.

# Había un niño llamado Jasón

Mi historia comienza en un pueblo de Grecia llamado Yolco. Estaba en la costa del mar Egeo, en el reino de Tesalia. Yolco fue fundada por el rey Creteo. Él prometió que al morir, su hijo Esón heredaría el trono convirtiéndose así en el próximo rey.

Creteo tenía otro hijo, Pelias. Era el medio hermano menor de Esón. Este último no lo sabía, pero Pelias quería ser el próximo rey y cuando su padre murió, aprovechó la oportunidad y se declaró a sí mismo el nuevo gobernante de Yolco. Como temía verse rodeado de enemigos, Pelias consultó un oráculo para conocer su futuro. De esta manera supo que por robar el trono de Yolco, un día sería asesinado por un descendiente de la familia real. El cruel Pelias intentó entonces cambiar su futuro. Asesinó a la familia real, de modo que no quedara nadie que amenazara su vida. Después de esto, buscó al hijo de Esón y Alcímede, un pequeño niño llamado Jasón.

## Los oráculos contaban el futuro

Los griegos consultaban el oráculo para predecir su futuro, de modo que así podían prepararse para lo que iba a pasar. En estos oráculos, los sacerdotes y sacerdotisas daban a conocer los mensajes que los dioses enviaban a la Tierra. Un peregrino —como Pelias— visitaba el oráculo y hacía una pregunta. Cuando el oráculo hablaba, el peregrino creía que recibía la respuesta de un dios.

## Pelias

Cuando Pelias era un bebé, un caballo le dio una coz en el rostro dejándole una marca morada en su mejilla. Esta marca se conocía como un "pelión", y por eso fue llamado Pelias.

# Criado por un centauro

El deber de una madre es proteger a su hijo del peligro, y eso fue lo que hizo Alcímede. Ella fingió que su hijo estaba muerto, pero en realidad sólo estaba durmiendo. Cuando Pelias vino a matar a Jasón, vio a Alcímede y a otras mujeres paradas al lado del cuerpo inmóvil del bebé. Estaban llorando, golpeándose el pecho y jalándose el pelo. Así era como las mujeres se lamentaban por sus seres queridos que habían muerto. De esta manera, Pelias fue engañado y permitió que Alcímede se llevara a Jasón de Yolco, para enterrar su cuerpo fuera del pueblo, como era la costumbre.

Alcímede condujo a Jasón al monte Pelión, la montaña más alta de Tesalia, y lo dejó al cuidado de Quirón el centauro. Quirón no era como los otros centauros. Sus piernas delanteras eran como las de los humanos, no como las de un caballo. Además era sabio y amable. Crió a Jasón, alimentándolo con carne de liebres y mostrándole todo lo que él sabía. Le enseñó medicina, y por eso al héroe se le conoció como "Jasón el sanador".

## Centauros

En los bosques y las montañas del norte de Grecia vivían los centauros. Eran monstruos carnívoros, mitad caballo, mitad humano, salvajes e incontrolables. Les gustaba el sabor del alcohol, que los conducía a estados de embriaguez. Los centauros luchaban contra los mortales con troncos de árboles y piedras.

Ahora, ¿eran tres o dos ojos de salamandra?

¿Estás seguro de que es así como se prepara la medicina?

### Pregúntale al rapsoda

¿Quirón le contó a Jasón lo que Pelias había hecho?

Cuando era lo suficientemente mayor para entender, Quirón le contó a Jasón que él era el hijo de Esón, y que Pelias le había robado el trono de Yolco. De ahí en adelante, Jasón se propuso despojar a Pelias del poder y castigarlo.

# Jasón se dirige a Yolco

Llegó el momento de que Jasón dejara la seguridad de su hogar en la montaña. Era joven y fuerte y su corazón gobernaba su cabeza. Le habían enseñado a respetar a los mayores y a los más sabios, pero había un hombre por el que sólo sentía odio.

Se trataba de Pelias, el hombre que no tenía derecho a ser rey. Jasón deseaba ardientemente su caída.

En el camino a Yolco, Jasón conoció a una mujer vieja y fea. Estaba varada en la orilla del río Anauro, incapaz de cruzar los remolinos de agua. Los caminantes se rehusaban a ayudarla. Sólo Jasón sintió lástima por ella. Mientras la llevaba a través del río, se tropezó y perdió una sandalia. No lo sabía, pero la bruja era la diosa Hera disfrazada. Ella también quería castigar a Pelias, porque la había ofendido al no hacer sacrificios en su nombre.

Y en adelante, protegería a Jasón.

## Jasón conoce a Pelias

Un oráculo advirtió a Pelias que se cuidara de un hombre que llevara una sola sandalia. Un día, Pelias estaba sacrificando un cordero a Posidón, el dios del mar. Entre la multitud que observaba la ceremonia, vio a un joven alto usando una sola sandalia. Recordando las palabras del oráculo, Pelias preguntó su nombre. El joven respondió que era Jasón, el hijo de Esón.

## Pregúntale al rapsoda

¿Jasón sabía que estaba hablándole a Pelias?

Al principio, Jasón no sabía el nombre del hombre de la playa. Se aprovechó de esto y Pelias tuvo tiempo de planear cómo deshacerse del joven.

¡He perdido mi sandalia!

# Jasón es enviado a una misión

Pelias pensó que tenía la manera perfecta de deshacerse de Jasón. Le preguntó qué haría si un oráculo lo previniera sobre un forastero peligroso. Por supuesto, en realidad estaba pensando en las advertencias de su propio oráculo. Era una trampa, que Jasón no vio, porque no sabía todavía que ese hombre era Pelias.

Jasón pensó por un momento, y luego dio su respuesta. Le dijo a Pelias que enviaría al extraño a buscar el vellocino de oro de Cólquide. Pero las palabras que usó ¡no eran suyas! La diosa Hera las había puesto en su boca, como parte de su plan para castigar a Pelias.

Sólo entonces Pelias le reveló quién era. El joven estaba furioso y dijo que había regresado a recuperar el trono de Yolco. El astuto Pelias le dijo que podía tenerlo a cambio del vellocino de oro. Era una misión peligrosa para un mortal y esperaba que Jasón muriera.

¡Tráeme el vellocino de oro!

# El vellocino de oro

El vellocino de oro era la piel dorada y reluciente del carnero parlante Crisomalo. Esta criatura voladora había rescatado a dos niños y se los había llevado a Cólquide, y allí había sido sacrificada para agradecer a los dioses. Su piel estaba colgada de un árbol, vigilada por una serpiente que nunca dormía.

Jasón trabajará para mí, ¡y yo lo protegeré!

¡Ay, Hera! ¿Qué he dicho?

GRECIA

Yolco

Ponto Euxino

Cólquide

## Pregúntale al rapsoda

### ¿Dónde estaba Cólquide?

Cólquide estaba muy lejos de Grecia, en el extremo oriental del Mar Negro, que los griegos llamaban el Ponto Euxino. Se hallaba en una remota área rodeada de montañas.

13

# Los argonautas se reúnen

Sin mostrar miedo, Jasón aceptó el reto de Pelias. Para cruzar el mar hacia Cólquide, necesitaba un barco maravilloso. Pidió a un obrero experto llamado Argo que le construyera uno con maderas de los bosques del monte Pelión, el hogar de la infancia de Jasón. El barco debía equiparse con remos para una tripulación de cincuenta hombres.

Aunque era hábil, Argo no podía completar la tarea solo. Así que la diosa Atenea vino en su ayuda. Ella le dio al barco un mascarón hecho de un roble consagrado al gran dios Zeus. La figura tallada de este mascarón tenía el poder de hablar y guiaría a Jasón en su misión.

La nave fue llamada *Argo*, en honor a su constructor. Era un buen nombre, que significaba "veloz". Jasón convocó una tripulación y cincuenta hombres se ofrecieron a navegar con él. Ellos son los héroes de esta historia, y son conocidos como los argonautas, es decir, los hombres que navegaron en el *Argo*. Al atardecer, la nave se dirigió al oriente, hacia Cólquide.

## Mujeres de Lemnos

El *Argo* se detuvo primero en la isla de Lemnos. Allí sólo vivían mujeres, que habían matado a sus hombres y habían tomado sus armas. Algunos argonautas se enamoraron de ellas y quisieron quedarse a su lado, hasta que Heracles, uno de los argonautas, los llamó de regreso al barco.

¡Bienvenido, amigo argonauta!

**Pregúntale al rapsoda**

¿Fueron buenos los presagios para Jasón?

Uno de los argonautas era Idmón, un adivino. Le dijo a Jasón que el viaje terminaría bien, pero que él, Idmón, no viviría. A pesar de predecir su propia muerte, este adivino se unió a la misión.

# Jasón mata al rey Cícico

**E**l *Argo* continuó su viaje a lo largo del mar Egeo, navegó por el Helesponto —el angosto estrecho que separa a Europa de Asia—, y entró al mar de Mármara. Luego arribó a la ciudad de Cícico, donde los argonautas fueron recibidos cálidamente. El rey Cícico los invitó a su fiesta de boda... pero una tragedia estaba a punto de suceder.

Ansiosos de no prolongar su estadía, los argonautas, con sus estómagos llenos de comida y de vino, reanudaron la marcha animados, seguros de que pronto llegarían a Cólquide. Escasamente habían remado fuera de la vista de Cícico, cuando una tormenta en la noche lanzó el barco de regreso a tierra. Pensando que los argonautas eran piratas, Cícico y sus soldados los atacaron en la oscuridad. Hombres que habían compartido la comida como amigos luchaban ahora como enemigos. En la confusión, Jasón dirigió su lanza contra el rey Cícico.

## Heracles se pierde

Después de la tormenta, el *Argo* partió. Heracles, el más fuerte de los argonautas, retó a los otros a un concurso de remo. Uno por uno, los exhaustos hombres se rindieron, hasta que Jasón se desmayó y Heracles rompió su remo. El barco atracó a la orilla de un río, y Heracles fue en busca de un árbol para hacer un remo nuevo. A la mañana siguiente, Jasón zarpó sin Heracles. Y así fue como este héroe dejó de hacer parte de la búsqueda del vellocino de oro.

### Pregúntale al rapsoda

¿Qué le sucedió a Heracles?

Heracles, el más grande de todos los héroes griegos, siguió realizando sus propias aventuras. Debía cumplir una serie de tareas, conocidas como los doce trabajos de Heracles. Su primer trabajo fue matar al león de Nemea, lo cual hizo sin armas, sólo con sus manos.

# El hombre ciego y las harpías

El *Argo* llegó a Salmidesos. Este lugar estaba cerca del Bósforo, el canal que unía el mar de Mármara con el Mar Negro. Ahí vivía Fineo, un rey que había recibido el don de una segunda visión: podía ver el futuro. Pero los dioses podían quitar dones lo mismo que darlos. Y habían tomado los ojos de Fineo, dejándolo en la oscuridad. De ahí en adelante, podía ver el futuro, pero no el presente. Y esto no era todo. Ahora era acosado por dos harpías, que le robaban la comida de su mesa, manteniéndolo siempre hambriento.

Jasón preguntó a Fineo qué debía hacer para obtener el vellocino de oro. Fineo prometió ayudarle con la condición de que lo liberara de las harpías. Se preparó una fiesta y los argonautas esperaron la llegada de estos demonios femeninos. Al fin aparecieron, y los argonautas alados Calais y Zetes volaron con sus espadas, ahuyentando a las harpías. Libre de los monstruos, Fineo pudo comer en paz.

En retribución, alertó a Jasón sobre un peligro que lo esperaba más adelante.

## Las harpías raptoras

Las harpías, cuyos nombres significan "raptoras", eran las mujeres aladas Aelo "tormenta" y Ocípete "vuelo veloz". Bajaban en picada para robar niños y llevarlos lejos, de forma que nadie volvía a ver a los pequeños.

**Pregúntale al rapsoda**

¿A dónde fueron las harpías?

Calais y Zetes dieron alcance a las harpías en las islas Estrófades (las Islas del regreso). Después de aceptar que dejarían tranquilo a Fineo, volaron a la isla de Creta, a empezar una nueva vida.

19

# Frente a los escollos

El peligro que Fineo anunció a Jasón se hallaba en cercanías del canal del Bósforo. Aquí estaban las rocas, dos escollos que cuidaban el estrecho como soldados guardianes. Como vigías, desafiaban a todo barco que intentara pasar entre ellas, desplazándose hacia él hasta hacerlo pedazos.

Jasón no tenía opción. Si quería navegar a lo largo del Mar Negro y seguir a Cólquide, tenía que encontrar una manera de pasar los escollos flotantes. Pero Fineo le había dicho qué hacer. Jasón soltó una paloma, y cuando el ave voló entre las rocas, éstas se movieron y se estrellaron, apresando sólo una pluma de su cola. Y justo como Fineo había pronosticado, las rocas retrocedieron a su posición inicial, dándole al *Argo* la oportunidad de deslizarse a través del estrecho.

## Orfeo, el poeta cantor

Mientras el *Argo* cruzaba seguro a través del Bósforo, Orfeo cantaba y tocaba la lira para calmar a los otros argonautas. Su canto era tan dulce que incluso con él podía domesticar a las bestias salvajes.

¡Puf! ¡Estuvo cerca!

**Pregúntale al rapsoda**

¿Las rocas todavía aplastan a los barcos?

No. Sus días de aplastar barcos terminaron cuando fallaron con el *Argo*. Desde entonces no han vuelto a moverse y los marineros ya no las temen.

# Jasón llega a Cólquide

En el lejano extremo del Mar Negro, Jasón y los argonautas llegaron a Cólquide. Todos sus pensamientos se centraban en tomar el vellocino de oro de Eetes, el furioso rey que lo tenía en su poder. Eetes prometió el vellocino a Jasón con la condición de que cumpliera tres trabajos: labrar un campo con unos bueyes que tenían aliento de fuego; sembrar este campo con los dientes del dragón de Cadmo, y matar a los esqueletos guerreros que nacerían de los dientes y que saldrían de la tierra.

Eetes no lo sabía, pero la diosa Hera había hecho que Medea, la hija del rey, se enamorara de Jasón. Esto hacía parte del plan de Hera para destruir a Pelias. Medea le dio a Jasón una poción que lo haría invencible por un día, y así fue como el héroe completó los trabajos impuestos por Eetes. En retribución por su ayuda, Jasón prometió casarse con ella, siempre y cuando regresara a Grecia con él.

## El dragón de Cadmo

Este monstruo, cuyos ojos echaban fuego y cuyo cuerpo estaba lleno de veneno, había sido muerto por Cadmo. Este héroe le había sacado los dientes y los había compartido con el rey Eetes de Cólquide. Cuando se sembraban en el suelo, surgían de ellos unos esqueletos guerreros armados.

**Pregúntale al rapsoda**

¿Cómo mató Jasón a los esqueletos guerreros?

Medea le dijo a Jasón que debía arrojar una piedra en medio de ellos, haciéndoles creer que estaban siendo atacados por sus mismos compañeros. Mientras peleaban entre sí, Jasón caminó entre ellos y los mató uno a uno.

# Jasón toma el vellocino de oro

¿Crees que el rey Eetes en realidad pensaba entregar el vellocino de oro? Eetes nunca pensó que Jasón iba a completar los trabajos que le había exigido, ¡y tampoco imaginó que su hija iba a actuar en contra suya! Eetes quería que el tesoro dorado permaneciera en Cólquide, cuidado por la serpiente que nunca dormía. Este monstruo tenía su cuerpo escamoso enrollado alrededor del árbol de roble en el cual colgaba el vellocino.

Una vez más, Medea, cuyo nombre significa "astucia" y "sabiduría", ayudó a Jasón. Por la noche, lo guió hasta el bosque sagrado del vellocino de oro, cuya lana resplandecía en medio de la oscuridad. Medea usó su sabiduría para lanzar un hechizo sobre el reptil que guardaba el vellocino, encantándolo de esta forma y poniéndolo bajo su poder. Luego, le puso unas gotas mágicas en sus ojos, y la gran serpiente cayó al suelo y se durmió. Entonces, rápidamente, Jasón tomó el vellocino y regresó al *Argo* con Medea.

> Duerme, serpiente, duerme.

## Eetes emprende la persecución

Mientras el nuevo día despuntaba, el rey Eetes descubrió que había perdido no uno sino sus dos tesoros más preciados: el vellocino de oro y su hija. Envió una flota de veloces barcos en busca del *Argo*, pero ni siquiera él podía imaginar lo que la audaz Medea haría después.

¡Consiguió el vellocino de oro!

ZZZZZZ

**Pregúntale al rapsoda**

**¿Qué hizo Medea después?**

Mientras Medea estaba bajo el control de Hera, la diosa la obligó a hacer una cosa malvada. Medea había secuestrado a su hermano Apsirto. Así que lo mató, cortó su cuerpo y lanzó los pedazos al mar. Cuando las naves de su padre se detuvieron a recoger los pedazos, el *Argo* navegó lejos y escapó.

# Canto de las sirenas

El viaje a casa fue tan difícil como había sido el trayecto hasta Cólquide. Fuera de curso, el *Argo* navegó hacia la costa de Italia, hasta que llegó a la isla de Antemoesa, cuyo nombre significa "florida". En esta isla vivían tres sirenas, demonios del mar con alas y cuerpo de pájaro y cabeza de mujer. Su hermoso canto era un sonido que todos los marineros temían, porque los encantaba y hacía que estrellaran sus barcos contra las rocas.

Pero el *Argo* se salvó de sufrir este destino. Jasón pidió a Orfeo que cantara para los argonautas, y mientras ellos escuchaban la dulce voz de su compañero, remaron a salvo. Sólo un marinero, Butes, oyó el canto de las sirenas. Saltó hacia el agua y nadó hacia ellas.

## Pregúntale al rapsoda

**¿Jasón se casó con Medea?**

Sí, así lo hizo. Se casaron en la isla de Corfú, donde pasaron la noche de bodas en una cueva, durmiendo sobre el vellocino de oro.

# Hacia tierra firme

Desde Corfú, una marea llevó al *Argo* hacia el sur, a los desiertos del norte de África. Durante nueve días los argonautas cargaron su barco sobre la tierra, hasta que llegaron al mar Mediterráneo y zarparon rumbo a casa una vez más.

¡Canta más alto, Orfeo!

Deja que mi canto llene tus oídos, él lanzará lejos tus temores.

¡Se me escapa la vida!

# Talos el gigante

Los argonautas llegaron a la isla de Creta. Allí conocieron a Talos, un gigante con cuerpo de bronce. Éste empezó a lanzarles piedras, hasta que Medea pronunció un hechizo con el que pudo quitar un tapón que el gigante tenía en su tobillo. La "sangre" de Talos —un líquido metálico— se escapó por el orificio y su vida se extinguió.

# Fin de la historia

Jasón, Medea y los argonautas finalmente llegaron a Yolco. El rey Pelias nunca soñó que Jasón volvería, pues estaba convencido de que la misión de tomar el vellocino de oro era imposible. Mientras el héroe se hallaba lejos, había matado a Esón y a Alcímede, los padres de Jasón. Ahora a este malvado, ladrón del trono de Yolco, destructor de la familia real, le había llegado la hora de morir, pero no a manos de Jasón.

Por última vez, Medea usó su astucia. Y al igual que antes, la diosa Hera la influenció con el fin de castigar a Pelias. Medea dijo que podía hacer surgir una nueva vida de algo que estuviera viejo. Mató un viejo carnero y juntó sus pedazos en una olla de cocinar y del recipiente emergió, como por arte de magia, un cordero joven. Pelias quería ser joven otra vez, de modo que permitió que sus tres hijas lo asesinaran, cortaran su cuerpo e hirvieran sus pedazos en el caldero. Por supuesto, esto era una trampa. Ahora Pelias estaba muerto.

28

# Jasón escapa

Jasón nunca se convirtió en rey de Yolco. Fue obligado a huir por Acasto, hijo de Pelias, el cual se convirtió en el nuevo rey. Jasón y Medea fueron a Corinto, donde se establecieron y tuvieron una familia.

# ¿Felices para siempre?

Medea y Jasón discutieron y ella se marchó lejos. Jasón, que se quedó solo, visitó el *Argo*, para recordar los buenos tiempos. Esto fue una mala idea ya que el mascarón le cayó encima y lo mató.

¡padre!

## Pregúntale al rapsoda

### ¿Qué sucedió con el vellocino de oro?

Antes de establecerse en Corinto, Jasón llevó el vellocino de oro al templo de Zeus en Orcómeno, una ciudad en el oriente de Grecia, y allí lo dejó.

# Glosario

**Adivino**. Persona que observa la naturaleza para predecir el futuro.

**Centauro**. Criatura mítica mitad hombre, mitad caballo.

**Épico**. Largo poema sobre la guerra y las acciones de los héroes.

**Harpía**. Criatura voladora con cabeza y cuerpo de mujer y alas y pico de pájaro, que bajaba velozmente y raptaba a los niños.

**Herencia**. Riqueza o título que se recibe de alguien muerto.

**Inmortal**. Ser que no puede morir.

**Lira**. Instrumento musical de cuerdas, muy popular en la antigua Grecia.

**Mascarón**. Estatua decorativa colocada al frente de un barco.

**Mortal**. Ser que morirá algún día.

**Ninfa.** Bella mujer emparentada con los dioses.

**Oráculo**. Lugar al que uno va a oír qué pasará en el futuro.

**Peregrino**. Alguien que emprende un viaje a tierras extrañas.

**Presagio**. Señal que anuncia eventos futuros.

**Profecía**. Historia que cuenta lo que pasará en el futuro.

**Rapsoda.** Persona que iba de pueblo en pueblo contando poemas heroicos.

**Sirena**. Criatura voladora con cabeza de mujer y cuerpo de pájaro, cuyo hermoso canto seducía a los marineros, haciendo que estrellaran sus barcos contra las rocas.

**Templo**. Lugar para el culto. La mayoría de los dioses tenían templos construidos en su honor.

# Quién es quién

**Acasto**. Una harpía; su nombre significa "tormenta".

**Alcímede.** Madre de Jasón.

**Apsirto**. Hermano de Medea.

**Argo**. Argonauta; constructor del *Argo*.

**Atenea**. Diosa de la guerra.

**Butes**. Argonauta atraído por el canto de las sirenas.

**Calais**. Argonauta alado; expulsó lejos a las harpías.

**Crisomalo**. Carnero volador y parlante, cuya piel dorada y reluciente era el vellocino de oro.

**Creteo**. Fundador de Yolco; padre de Esón y Pelias; abuelo de Jasón.

**Cícico**. Rey de Cícico; muerto por Jasón.

**Eetes**. Rey de Cólquide, dueño del vellocino de oro.

**Esón**. Padre de Jasón; medio hermano de Pelias.

**Fineo**. Rey ciego; podía ver el futuro.

**Hera**. Esposa de Zeus; reina de los dioses.

**Heracles**. Héroe griego con mucha fuerza.

**Idmón**. Argonauta; podía predecir el futuro.

**Jasón**. Comandante del *Argo*; líder de la expedición.

**Medea**. Esposa de Jasón; hija del rey Eetes.

**Ocípete**. Una harpía; su nombre significa "vuelo veloz".

**Orfeo**. Argonauta; poeta y cantor.

**Pelias**. Medio hermano de Esón; tío de Jasón.

**Posidón**. Dios del mar.

**Quirón**. Centauro amable que crió al infante Jasón.

**Zetes.** Argonauta alado; expulsó lejos a las harpías.

**Zeus**. Rey de los dioses.

# Índice